生态环境保护
督察工作条例

含简明问答

中国法治出版社

图书在版编目（CIP）数据

生态环境保护督察工作条例：含简明问答 / 中国法治出版社编. -- 北京：中国法治出版社，2025.6.
ISBN 978-7-5216-5354-0

Ⅰ. D922.68

中国国家版本馆 CIP 数据核字第 2025TW6678 号

生态环境保护督察工作条例：含简明问答
SHENGTAI HUANJING BAOHU DUCHA GONGZUO TIAOLI：
HAN JIANMING WENDA

经销/新华书店
印刷/鸿博睿特（天津）印刷科技有限公司
开本/880 毫米×1230 毫米 64 开 印张/ 0.75 字数/ 11 千
版次/2025 年 6 月第 1 版   2025 年 6 月第 1 次印刷

中国法治出版社出版
书号 ISBN 978-7-5216-5354-0   定价：4.50 元

北京市西城区西便门西里甲 16 号西便门办公区
邮政编码：100053   传真：010-63141600
网址：**http：//www.zgfzs.com**   编辑部电话：**010-63141835**
市场营销部电话：010-63141612   印务部电话：**010-63141606**

（如有印装质量问题，请与本社印务部联系。）

目　录

生态环境保护督察工作条例 ……………… 1
　第一章　总　　则 ………………… 1
　第二章　组织领导和机构职责 …… 3
　第三章　督察对象和内容 ………… 9
　第四章　工作程序和方式 ………… 13
　第五章　督察整改 ………………… 19
　第六章　督察成果运用 …………… 22
　第七章　队伍建设和纪律责任 …… 25
　第八章　附　　则 ………………… 32

简明问答 ……………………………… 34

生态环境保护督察工作条例

(2025年3月31日中共中央政治局会议审议批准 2025年4月28日中共中央、国务院发布)

第一章 总 则

第一条 为了坚持和加强党对生态文明建设和生态环境保护的全面领导,深入推进生态环境保护督察工作,根据《中国共产党章程》,制定本条例。

第二条 生态环境保护督察工作坚持以习近平新时代中国特色社会主义思

想为指导，全面贯彻习近平生态文明思想，深刻领悟"两个确立"的决定性意义，增强"四个意识"、坚定"四个自信"、做到"两个维护"，完整准确全面贯彻新发展理念，牢固树立和践行绿水青山就是金山银山的理念，充分发挥生态环境保护督察利剑作用，坚持发现问题和解决问题，加强督察整改和成果运用，坚持以高水平保护支撑高质量发展，深化生态文明体制改革，提升生态环境治理体系和治理能力现代化水平，全面推进美丽中国建设，推动实现人与自然和谐共生的现代化。

　　第三条　生态环境保护督察工作遵循下列原则：

（一）坚持和加强党的全面领导，把牢政治方向；

（二）坚持以人民为中心，树牢宗旨意识；

（三）坚持服务大局，树立系统观念；

（四）坚持问题导向和严的基调，敢于动真碰硬；

（五）坚持依规依法，做到精准科学、客观公正。

第二章　组织领导和机构职责

第四条　在党中央集中统一领导下，实行中央和省、自治区、直辖市两级生态环境保护督察制度。

中央生态环境保护督察对省、自治区、直辖市党委和政府，国务院有关部门以及有关中央企业等履行生态文明建设和生态环境保护责任组织开展全面督察。

省、自治区、直辖市生态环境保护督察是中央生态环境保护督察的延伸和补充，对本行政区域内地市级党委和政府、省级政府有关部门、有关省属企业等组织开展督察。

第五条 设立中央生态环境保护督察工作领导小组，在中央政治局及其常委会领导下开展工作。

第六条 中央生态环境保护督察工

作领导小组负责统筹协调、指导督促中央生态环境保护督察工作。主要职责是：

（一）学习贯彻落实习近平生态文明思想，贯彻落实党中央、国务院关于全面推进美丽中国建设、加强生态文明建设和生态环境保护的决策部署，研究部署中央生态环境保护督察工作；

（二）向党中央、国务院报告中央生态环境保护督察工作等有关情况；

（三）研究讨论中央生态环境保护督察制度规范、规划计划、督察报告等；

（四）听取领导小组办公室有关工作情况汇报；

（五）研究讨论中央生态环境保护督察工作中的其他重要事项；

（六）办理党中央交办的其他事项。

第七条　中央生态环境保护督察工作领导小组办公室设在生态环境部，负责领导小组的日常工作，承担中央生态环境保护督察的组织实施等工作。

第八条　根据中央生态环境保护督察工作安排，经党中央、国务院批准，组建中央生态环境保护督察组。

中央生态环境保护督察组设组长、副组长，具体人选根据每次督察任务确定并授权，其中，组长由现职或者近期退出领导岗位的正省部级领导干部担任。建立组长人选库，由中央组织部商中央生态环境保护督察工作领导小组办公室管理。组长、副组长人选由中央组织部履行审核程序。

督察组按照民主集中制原则研究讨论决定重大事项。组长全面负责督察组工作,副组长协助组长开展工作。

第九条 中央生态环境保护督察组的职责是:

(一)根据党中央、国务院部署要求,在中央生态环境保护督察工作领导小组领导下开展督察;

(二)向中央生态环境保护督察工作领导小组报告督察情况,提出意见建议;

(三)组织形成典型案例、生态环境损害责任追究问题线索清单和案卷,起草形成督察报告;

（四）向被督察对象反馈督察意见，参与推动督察整改和成果运用；

（五）对督察组干部进行教育、管理和监督；

（六）办理中央生态环境保护督察工作领导小组交办的其他事项。

第十条 中央和国家机关有关部门应当支持中央生态环境保护督察工作，协助做好相关工作。

第十一条 省、自治区、直辖市党委和政府组织开展本行政区域生态环境保护督察工作，加强统筹协调，督促有关部门和单位抓好相关工作落实。

第十二条 根据省、自治区、直辖市生态环境保护督察工作安排，经省、自治区、直辖市党委和政府批准,组建省级生态环境保护督察组。

第三章 督察对象和内容

第十三条 中央生态环境保护督察的对象包括:

(一)省、自治区、直辖市党委和政府;

(二)生态环境部、承担重要生态环境保护职责的国务院有关部门;

(三)从事的生产经营活动对生态环境影响较大的有关中央企业;

(四)党中央要求督察的其他单位。

第十四条 中央生态环境保护督察

的主要内容包括：

（一）学习贯彻落实习近平生态文明思想，贯彻落实党中央、国务院关于生态文明建设和生态环境保护的决策部署情况；

（二）生态环境保护党内法规、法律法规、政策制度、标准规范、规划计划、重大改革任务的贯彻落实情况；

（三）生态环境保护"党政同责"和"一岗双责"推进落实情况；

（四）区域重大战略实施中生态环境保护要求落实情况；

（五）环境污染防治、发展方式绿色转型、生态保护修复、推进碳达峰碳中和等美丽中国建设方面工作情况；

（六）中央生态环境保护督察反馈问题整改及长效机制建设情况；

（七）人民群众反映强烈的突出生态环境问题及处理情况；

（八）其他需要督察的生态环境保护事项。

第十五条　省、自治区、直辖市生态环境保护督察对象是本行政区域内地市级党委和政府、省级生态环境主管部门、省级政府有关部门、有关省属企业等。督察的主要内容包括：

（一）学习贯彻落实习近平生态文明思想，贯彻落实党中央、国务院关于生态文明建设和生态环境保护的决策部署情况；

（二）中央生态环境保护督察和省级生态环境保护督察反馈问题整改情况；

（三）贯彻落实省、自治区、直辖市党委和政府生态环境保护工作要求及责任落实情况；

（四）行政区域内重点流域、区域、领域、行业和突出生态环境问题及处理情况；

（五）人民群众信访举报生态环境问题及处理情况；

（六）其他需要督察的生态环境保护事项。

第四章　工作程序和方式

第十六条　中央和省、自治区、直辖市生态环境保护督察采取例行督察和"回头看"、专项督察、生态环境警示片等形式。

中央生态环境保护督察实施规划计划管理，在党的中央委员会一届任期内，对各省、自治区、直辖市党委和政府实现例行督察全覆盖，对国务院有关部门、有关中央企业开展例行督察。针对区域重大战略实施中生态环境保护要求落实情况，结合例行督察，统筹推进流域督察和省域督察。视情组织对督察整改情况实施"回头看"。

中央生态环境保护专项督察、生态环境警示片紧盯重点流域、区域、领域、行业和突出生态环境问题，推进常态化监督。

第十七条　中央和省、自治区、直辖市生态环境保护督察一般包括督察准备、督察进驻、督察报告、督察反馈等程序环节。

第十八条　在督察准备阶段，根据工作需要组织开展问题线索集中摸排，并向有关部门和单位了解被督察对象有关情况以及问题线索。

第十九条　例行督察进驻期间，督察组主要采取下列方式开展工作：

（一）听取被督察对象工作汇报和有关专题汇报；

（二）与被督察对象党政主要负责同志和其他有关负责同志进行个别谈话；

（三）受理人民群众生态环境保护方面的信访举报；

（四）调阅、复制有关文件、档案等资料；

（五）对有关地方、部门、单位以及个人开展走访问询；

（六）召开座谈会，列席被督察对象有关会议；

（七）下沉到被督察对象有关地方、部门、单位开展明察暗访；

（八）针对问题线索开展调查取证，

可以责成有关地方、部门、单位以及个人就有关问题作出书面说明；

（九）对人民群众举报问题的整改情况开展抽查回访；

（十）针对督察发现的突出问题，可以视情对有关党政领导干部实施约见或者约谈；

（十一）其他必要的督察工作方式。

督察"回头看"、专项督察、生态环境警示片等，根据工作需要采取相应工作方式开展。

第二十条　例行督察期间，对督察发现的突出生态环境问题，形成典型案例并按程序报批后公开发布。

第二十一条　督察进驻结束后，督

察组应当形成督察报告，如实报告督察发现的重要情况和问题，并提出意见和建议；对有关重要批示件办理中存在的突出问题、督察发现的重大情况以及流域督察综合情况等，可以形成专题报告。督察组对督察报告、专题报告等反映的问题，应当制作问题底稿。

督察组应当成立独立审核组，对督察报告开展独立审核。

督察报告应当以适当方式与被督察对象交换意见并按程序报批。中央生态环境保护督察报告经中央生态环境保护督察工作领导小组办公室报中央生态环境保护督察工作领导小组会议研究讨论后，报党中央、国务院批准。

第二十二条　督察报告经批准后,督察组应当及时向被督察对象反馈,指出督察发现的问题,提出督察整改意见。

督察"回头看"、专项督察、生态环境警示片按程序报批后,向被督察对象反馈有关情况和问题。

第二十三条　在督察工作中,对涉及的政策法规及其适用等情形,根据工作需要征求有关部门意见。有关部门应当依法依规、及时、客观提出明确的、清晰的意见。

第二十四条　被督察对象应当做好督察进驻期间人民群众信访举报生态环境问题以及督察组交办其他问题的调查处理,并建立完善问题整改和监督保障长效机制,确保有关问题查处到位、解决到位。

第二十五条 督察的具体工作安排、边督边改情况、有关突出问题典型案例、督察报告主要内容、督察整改方案主要内容、督察整改情况主要内容、督察问责相关情况等,应当按照有关要求对外公开,回应社会关切,接受人民群众监督。

第五章 督察整改

第二十六条 被督察对象是督察整改的责任主体,主要负责同志是督察整改的第一责任人。

第二十七条 被督察对象收到督察反馈意见后,应当组织编制督察整改方案,针对督察反馈问题逐项明确整改实施主体、整改目标、整改时限、重点措施和验收单位。

督察整改方案在规定时限内报党中央、国务院或者省、自治区、直辖市党委和政府批准后实施。

第二十八条 被督察对象应当按照督察整改方案要求抓好整改落实工作。对立行立改整改任务,应当倒排工期,加快推进;对长期整改任务,应当根据阶段目标任务和时间节点,有序推进;对历史遗留问题整改任务,应当有效防控生态环境风险和社会风险,稳妥推进。

被督察对象应当对已完成的督察整改任务进行验收销号。

第二十九条 被督察对象应当按要求向党中央、国务院或者省、自治区、直辖市党委和政府报送督察整改情况。督察整改任务全部完成后，向党中央、国务院或者省、自治区、直辖市党委和政府报告整改总体情况。有关中央生态环境保护督察整改工作情况应当抄报中央生态环境保护督察工作领导小组。

第三十条 督察整改工作应当建立台账，实施清单化管理。中央生态环境保护督察工作领导小组办公室和省、自治区、直辖市生态环境保护督察有关工作机构定期调度本级督察整改工作进展，并组织日常盯办、强化抽查。

对整改不力的，视情采取通报、督导、约谈、专项督察等措施。对整改成效突出的，及时形成正面案例并进行宣传，发挥激励先进、交流工作、引领带动作用。

第六章 督察成果运用

第三十一条 建立中央生态环境保护督察生态环境损害责任追究问题线索移交机制。对中央生态环境保护督察及整改中发现的重要生态环境问题及其失职失责情况，督察组应当形成有关生态环境损害责任追究问题线索清单和案卷，移交被督察对象,同时按照有关权限、程序和要求移交中央纪委国家监委机关、中央组织部、国务院国资委党委。

依规依纪依法严肃、精准、有效组织开展追责问责。督察移交生态环境损害责任追究问题追责问责工作方案作为单独部分纳入督察整改方案,追责问责情况与督察整改情况一并上报。

中央纪委国家监委机关、中央组织部监督指导省、自治区、直辖市纪检监察机关和组织(人事)部门开展追责问责工作,对重点责任追究问题进行督办,防止问责不力或者问责泛化、简单化。对于滥用问责或者在问责工作中严重不负责任,造成不良影响的,应当追究相关人员责任。

第三十二条　中央组织部按照干部管理权限，将督察结果和督察整改工作有关情况作为党政领导班子和有关领导干部考核评价、选拔任用、管理监督、表彰奖励的重要依据，加强督察结果在干部管理工作中的运用。

第三十三条　对督察发现需要开展生态环境损害赔偿工作的，移送省、自治区、直辖市政府依照有关规定索赔追偿；需要提起公益诉讼的，移送检察机关等有权机关依法处理。

对督察发现涉嫌违纪违法犯罪的，按照有关规定移送纪检监察机关或者司法机关依规依纪依法处理。

第三十四条　省、自治区、直辖市应当结合实际加强督察成果运用,对督察及整改中发现的重要生态环境问题及其失职失责情况,依规依纪依法追究责任。

第七章　队伍建设和纪律责任

第三十五条　中央生态环境保护督察工作领导小组,省、自治区、直辖市生态环境保护督察工作领导机制应当加强对督察干部队伍建设的整体谋划,结合督察工作特点建立健全相关制度机制,强化督察支撑保障和能力建设,加强新技术应用,建设与督察任务相适应的高素质专业化干部队伍，加强规范管理，加大教育培训、轮岗交流力度。

第三十六条　中央生态环境保护督察组成员以生态环境部所属区域督察机构人员为主体，中央和国家机关有关部门人员、流域生态环境监督管理相关机构人员、有关专家等根据需要参加督察，建立督察人才库和专家库。

中央生态环境保护督察组成员应当具备下列条件：

（一）理想信念坚定，对党忠诚，在思想上政治上行动上同以习近平同志为核心的党中央保持高度一致；

（二）坚持原则，敢于担当，依规依法办事，公道正派，清正廉洁；

（三）模范遵守党的纪律和国家法律，严守党和国家秘密；

（四）熟悉有关党内法规、法律法规、政策制度，具有履行督察职责的专业知识和较强的发现问题、沟通协调、文字综合等能力；

（五）具有正常履行职责的身体条件和心理素质。

抽调人员参加督察工作，应当按照上述条件，严把政治关、品行关、能力关、作风关、廉洁关。

对不适合从事督察工作的人员，应当及时予以调整。

第二十七条 生态环境保护督察应当严明政治纪律和政治规矩，严格落实中央八项规定及其实施细则精神和《整治形式主义为基层减负若干规定》要求,坚决反对形式主义、官僚主义、享乐主义和奢靡之风,严格落实各项廉政规定。

督察进驻期间严格执行民主集中制、重大事项请示报告、回避、保密等制度规定。督察组不得干预被督察对象正常工作,不处理被督察对象的具体问题,不得向被督察对象提出与督察工作无关的要求。

第三十八条 督察组督察进驻期间应当按照有关规定建立临时党支部,落实全面从严治党要求,落实"一岗双责",自觉接受各方面监督,依规依纪依法开展督察工作。

任何单位和个人对督察组及其成员的违规违纪违法行为有权提出检举、控告。

第三十九条 有关部门和单位不按规定协助、支持生态环境保护督察,造成严重后果的,依据有关规定追究相关责任人员的责任。

第四十条 督察组成员有下列情形之一的,视情节轻重,依规依纪依法给予批评教育、责令检查、诫勉、组织处理或者党纪政务处分;构成犯罪的,依法追究刑事责任:

(一)不按照工作要求开展督察,导致应当发现的重要生态环境问题没有发现;

(二)不如实报告督察情况,隐瞒、歪曲、捏造事实;

(三)泄露与督察工作相关的国家秘密、工作秘密、商业秘密等未公开信息;

(四)工作中超越权限或者不按照规定程序开展督察工作,造成不良后果;

(五)利用督察工作的便利谋取私利或者为他人谋取不正当利益;

(六)其他违反督察工作纪律的行为。

第四十一条 被督察对象应当自觉接受生态环境保护督察,积极配合督察工作。被督察对象有下列情形之一的,视情节轻重,对该党政领导班子、相关部门（单位）、企业主要负责同志或者其他有关责任人员，依规依纪依法给予批评教育、责令检查、诫勉、组织处理或者党纪政务处分；构成犯罪的，依法追究刑事责任：

（一）故意提供虚假情况，隐瞒、歪曲、捏造事实；

（二）拒绝或者故意不按照要求向督察组提供有关文件资料；

（三）指使、强令有关单位或者人员干扰、阻挠督察工作；

（四）拒不配合现场检查或者调查取证；

（五）组织领导督察整改不力，落实督察整改要求不到位，敷衍应对、虚假整改；

（六）对反映情况的干部群众进行威胁、打击、报复、陷害；

（七）平时不作为而采取集中停工停产停业等"一刀切"方式应对督察；

（八）其他干扰督察工作的情形。

第八章 附　　则

第四十二条　地市级及以下地方党委和政府应当依规依法加强对下级党委和政府及其有关部门生态环境保护工作的监督。

第四十三条　本条例由中央生态环境保护督察工作领导小组办公室负责

解释。

第四十四条 本条例自发布之日起施行。2019年6月6日中央办公厅、国务院办公厅印发的《中央生态环境保护督察工作规定》同时废止。

简明问答

1. 根据《生态环境保护督察工作条例》(以下简称《条例》),生态环境保护督察工作应遵循哪些原则?[①]

生态环境保护督察工作遵循下列原则:(1)坚持和加强党的全面领导,把牢政治方向;(2)坚持以人民为中心,树牢宗旨意识;(3)坚持服务大局,树立系统观念;(4)坚持问题导向和严的基调,敢于动真碰硬;(5)坚持依规依法,做到精准科学、客观公正。

---

① 问答1至4参见《生态环境保护督察工作条例》(自2025年4月28日起施行)相关规定。

2.《条例》对生态环境保护督察制度体系是如何规定的？

在党中央集中统一领导下，实行中央和省、自治区、直辖市两级生态环境保护督察制度。

中央生态环境保护督察对省、自治区、直辖市党委和政府，国务院有关部门以及有关中央企业等履行生态文明建设和生态环境保护责任组织开展全面督察。

省、自治区、直辖市生态环境保护督察是中央生态环境保护督察的延伸和补充，对本行政区域内地市级党委和政府、省级政府有关部门、有关省属企业等组织开展督察。

3.《条例》对督察对象作了哪些规定？

中央生态环境保护督察的对象包括：（1）省、自治区、直辖市党委和政府；（2）生态环境部、承担重要生态环境保护职责的国务院有关部门；（3）从事的生产经营活动对生态环境影响较大的有关中央企业；（4）党中央要求督察的其他单位。

省、自治区、直辖市生态环境保护督察对象是本行政区域内地市级党委和政府、省级生态环境主管部门、省级政府有关部门、有关省属企业等。

4.《条例》对督察内容作了哪些规定？

中央生态环境保护督察的主要内容包括：（1）学习贯彻落实习近平生态文明思想，贯彻落实党中央、国务院关于生态文明建设和生态环境保护的决策部署情况；（2）生态环境保护党内法规、法律法规、政策制度、标准规范、规划计划、重大改革任务的贯彻落实情况；（3）生态环境保护"党政同责"和"一岗双责"推进落实情况；（4）区域重大战略实施中生态环境保护要求落实情况；（5）环境污染防治、发展方式绿色转型、生态保护修复、推进碳达峰碳中和等美丽中国建设方面工作情况；（6）中央生态环境保护督察反馈问题整改及长效机制建设情况；（7）人民群众反映强烈的突出生态环境问题及处理情况；（8）其他需要督察的生态环境保护事项。

省、自治区、直辖市生态环境保护督察的主要内容包括：（1）学习贯彻落实习近平生态文明思想，贯彻落实党中央、国务院关于生态文明建设和生态环境保护的决策部署情况；（2）中央生态环境保护督察和省级生态环境保护督察反馈问题整改情况；（3）贯彻落实省、自治区、直辖市党委和政府生态环境保护工作要求及责任落实情况；（4）行政区域内重点流域、区域、领域、行业和突出生态环境问题及处理情况;(5)人民群众信访举报生态环境问题及处理情况;(6)其他需要督察的生态环境保护事项。

5.《条例》对督察工作的组织形式和工作程序有哪些规定?②

《条例》将行之有效的经验做法进行固化,明确中央和省、自治区、直辖市生态环境保护督察采取例行督察和"回头看"、专项督察、生态环境警示片

---

② 问答5至8参见《进一步健全生态环境保护督察工作体制机制——中央生态环境保护督察工作领导小组办公室有关负责人就〈生态环境保护督察工作条例〉答记者问》,载新华网,http://www.xinhuanet.com/20250512/c8a5e55c3d384d00aab5d2ca2cafb64e/c.html,最后访问时间:2025年5月20日。

等形式。

生态环境保护督察一般包括督察准备、督察进驻、督察报告、督察反馈等程序环节。

为推动精准科学、依规依法开展督察,《条例》明确,督察组对督察报告反映的问题制作问题底稿,同时成立独立审核组,对督察报告开展独立审核。对涉及的政策法规及其适用等情形,根据工作需要征求有关部门意见。

6.《条例》对督察整改作了哪些规范?

督察整改是生态环境保护督察的重要环节。《条例》设立督察整改专章,规范整改责任主体、推进落实、整改情况报告、调度督促等方面内容。明确被督察对象是督察整改的责任主体，主要负责同志履行第一责任人职责，组织编制整改方案，并按要求抓好推进落实，按时报送整改情况。中央生态环境保护督察工作领导小组办公室和省、自治区、直辖市生态环境保护督察有关工作机构对督察整改任务实施清单化管理，定期组织调度和盯办抽查，推动真正把问题整改到位。

7.《条例》对督察成果运用作了哪些规定？

为切实深化督察成果运用，《条例》设立专章规范督察成果运用。坚持部门协同，充分发挥纪检监察机关、组织部门、检察机关作用,建立中央生态环境保护督察生态环境损害责任追究问题线索移交机制,并细化相关工作要求,明确将督察移交生态环境损害责任追究问题追责问责工作方案作为单独部分纳入督察整改方案,追责问责情况与督察整改情况一并上报,切实推动严肃、精准、有效追责问责。

《条例》还明确,中央组织部按照干部管理权限,将督察结果和督察整改工作有关情况作为党政领导班子和有关领导干部考核评价、选拔任用、管理监督、表彰奖励的重要依据,加强督察结果在干部管理工作中的运用。省、自治区、直辖市结合实际加强督察成果运用。

8.《条例》对督察干部队伍建设和作风纪律提出了哪些要求？

《条例》明确了督察人员保障机制、培养使用、监督管理等内容。中央生态环境保护督察工作领导小组和省、自治区、直辖市生态环境保护督察工作领导机制加强对督察干部队伍建设的整体谋划，建立健全相关制度机制。

《条例》严格规范督察作风纪律，明确要求生态环境保护督察应当严明政治纪律和政治规矩，严格执行中央八项规定及其实施细则精神和《整治形式主义为基层减负若干规定》要求，严格落实各项廉政规定。对督察组成员、有关部门和单位、被督察对象的相关违规违纪违法行为,《条例》明确了相关责任条款。